경민이의
아주 특별한
친구

소중한 가치 학교 ❹교시
경민이의 아주 특별한 친구
ⓒ 2012 삼성화재안내견학교, 페이퍼100, 윤수천

1판 1쇄 2012년 3월 20일
    9쇄 2015년 7월 30일

지 은 이 윤수천
그 린 이 원유미

발 행 인 주정관
발 행 처 북스토리아이
주   소 경기도 부천시 원미구 상3동 529-2 한국만화영상진흥원 311호
대표전화 032-325-5281
팩시밀리 032-323-5283
출판등록 2008년 8월 6일 (제313-2008-129호)

홈페이지 www.ebookstory.co.kr
이 메 일 bookstory@naver.com

ISBN 978-89-97279-04-3 74810
       978-89-961478-0-0 (세트)

※잘못된 책은 바꾸어드립니다.

이 도서의 국립중앙도서관 출판시도서목록(CIP)은 e-CIP 홈페이지
(http://www.nl.go.kr/ecip)에서 이용하실 수 있습니다.
(CIP제어번호 : CIP2012000970)

 소중한 가치 학교 ④교시

경민이의 아주 특별한 친구

윤수천 글 | 원유미 그림

북스토리아이

| 머리말 |

절망을 희망으로 만든 이야기

어느 날 갑자기 앞을 못 보게 된다면 어떤 심정이 될까요? 생각만 해도 끔찍한 일이겠지요? 그래요, 장애 가운데서도 앞을 못 보는 일처럼 절망스런 일은 없을 듯하네요.

이 책에 나오는 김경민이란 주인공은 실제 인물이에요. 열세 살이 되던 해에 시력을 완전히 잃는 불행을 겪었지요. 그날의 절망은 말로 다할 수 없을 만큼 컸을 거예요. 이 이야기는 여기서부터 시작됩니다.

앞을 못 보게 된 어린이가 그 절망을 딛고 일어나 자신의 꿈을 이루기까지의 이야기를 쓰면서, 나는 여러 번 가슴이 먹먹해서 손을 멈춰야 했지 뭐예요. 그리고 그 때마다 '아, 인간은 참 대단한 존재구나!' 하며 고개를 끄덕였다는 거 아니겠어요? 또 있어요. 그의 눈이 되어 준 안내견 미담이 역시 나를 감격하게 만든 주인공이에요. 대학생이 된 경민이가 평소의 꿈인 일반학교 영어 선생님이 되기까지 미담이의 도움이 정말 컸거든요.

꿈을 가진 한 사람과 그의 눈이 되어 준 안내견의 이야기는 여러

분에게 충분히 감동을 주리라 확신합니다.

　또한 이 책이 자라나는 어린이들의 가슴에 희망과 꿈을 심어 주면 참 좋겠습니다. 특히 어려운 환경 속에서도 꿈을 안고 열심히 살아가는 어린이들에게 용기와 힘을 불어넣어 주기를 바랍니다.

　사람은 말이지요, 누구를 만나느냐에 따라서 운명이 바뀐다고 해요. 책도 마찬가지라고 생각합니다. 한 권의 책을 읽고 새로운 생각과 의지를 갖게 된다면, 이 또한 운명이 바뀌는 게 아니겠어요?

　이 책이 나오기까지 애써 주신 여러분들에게 감사의 인사를 드리고 싶습니다. 어려운 시간을 내어 자신의 이야기를 스스럼없이 들려주고 확인해 준 김경민 선생님, 삼성화재안내견학교를 운영하면서 많은 조언을 해 준 관계자분들에게, 그리고 북스토리 출판사에게도.

수원 창룡문 근처 작은 서재에서
윤수천

차례

머리말 | 절망을 희망으로 만든 이야기…4

엄마, 왜 뿌옇게 보이지?	8
외톨이가 된 경민이	19
미담이와의 만남	26
합숙 훈련	34
미담이와 대학교에 가다	42
뜻하지 않은 고민거리	50
엄마 아빠, 미안해요	57

가슴속에서 자라는 꿈 · 65
보이지 않는 끈 · 73
거울이 될 테야 · 81
미국에 간 경민이 · 91
미담이와 함께 졸업장을 받다 · 99
영어 선생님, 김경민! · 109

경민이랑 미담이랑 Photo Zone…120
생각을 키우는 토론 교실…124
삼성화재안내견학교 이야기…126
안내견을 위한 에티켓…128

엄마, 왜 뿌옇게 보이지?

"엄마, 오늘 아침에 안개 낀다고 했어요?"

잠에서 깨어 창밖을 내다보던 어린 경민이는 주방에서 일하는 엄마를 향해 물었습니다.

"안개라니? 저렇게 날씨만 좋은데……."

주방에서 엄마가 대답했습니다.

"……?"

경민이는 고개를 갸우뚱하며 손등으로 눈가를 문질렀습니다. 그러고는 다시 창밖을 내다보았지만 뿌옇게 보이는 건 마찬가지였습니다.

'정말 이상하다? 난 왜 이렇게 자주 모든 게 뿌옇게 보이지?'

경민이는 눈앞에 펼쳐지는 광경을 볼 때마다 의문이 생겼습니다.

그도 그럴 수밖에요. 눈에 비친 세상은 마치 안개가 끼기라도 한 듯 희미하게 보였기 때문입니다. 여기에다 앞이 뿌옇게 보이는 날엔 꼭 두통이 일었습니다. 뾰족한 것이 머릿속을 마구 후비는 듯한 아픔을 느꼈습니다.

잠시 후, 방에 들어온 엄마는 걱정스러운 눈으로 경민이를 바라보았습니다.

"경민아, 눈이 많이 흐릿하게 보이니?"

"……네."

경민이는 힘없이 고개를 끄덕였습니다.

"그래서 안개가 꼈느냐고 물었구나?"

"……."

"경민아, 내일은 병원에 가 보자."

엄마는 불안한 마음에 말했습니다.

경민이는 세상에 태어난 지 한 달도 안 되어 병원에서 녹내장 수술을 받았습니다. 선천적으로 심한 녹내장을 안고 태어났기 때문입니다.

"의사 선생님, 이제 수술을 했으니, 우리 경민이 앞으론 괜찮을까요?"

퇴원하는 날, 엄마는 걱정이 되어 의사 선생님에게 물었습니다.

"글쎄요, 아직은 뭐라고 말씀드리기가 어려운데요. 녹내장이란 게 원래…… 게다가 경민이는 아주 심각한 상태라서…… 좀 더 지켜봐야지요."

의사 선생님은 말끝을 흐렸습니다.

녹내장은 눈의 압력이 높아지는 병으로 심할 경우에는 실명을 할 수도 있는 무서운 병입니다. 그런 만큼 엄마의 걱정이 크지 않을 수 없었습니다. 게다가 경민이는 어린 나이에 이미 스무 차례나 수술을 받은 뒤였습니다.

"또 병원이야? 엄마, 나 병원 싫어요!"

경민이는 병원이란 말에 고개를 흔들었습니다.

선천성 녹내장을 치료하기 위해 수술을 받을 때마다 겪어야 했던 불안과 초조, 그리고 두려움! 경민이는 생각하기조차 싫었습니다.

"그럼 어떡하니? 경민아, 한 번만 더 가 보자. 응?"

경민이는 애원을 하다시피 하는 엄마의 말을 안 따를 수가 없었습니다.

다음 날 경민이는 엄마와 함께 병원에 갔습니다.

검진을 끝낸 의사 선생님은 어두운 얼굴로 엄마에게 말했습니다.

"저런! 전보다 상태가 더 나빠졌는데요. 빠른 시일 내에 수술을 하지 않으면 실명할 수도 있습니다."

'수술'이란 소리에 엄마는 온몸이 굳어지는 것만 같았습니다. 아니 그보다 실명을 할 수도 있다는 말에 눈앞이 깜깜해지는 것을 느꼈습니다.

"의사 선생님, 우리 경민이가 실명을 하다니요. 안 돼요. 수술을 해 주세요. 백 번, 천 번이라도 받겠어요."

경민이는 이후에도 여섯 차례나 수술을 더 받아야 했

습니다. 그러니까 모두 합해서 스물여섯 차례나 수술을 받은 것입니다. 그럼에도 상태가 나아지기는커녕 점점 나빠졌습니다.

어느 날 엄마는 경민이를 위해 책을 읽어 주었습니다. 경민이는 어릴 적부터 책을 무척 좋아했기 때문에 한글을 깨친 뒤부터는 거의 책을 끼고 살았습니다. 게다가 경민이는 엄마가 책을 읽어 주면 그렇게 좋아할 수가 없었습니다.

엄마는 앵무새가 나오는 동화책을 읽다 말고 무슨 생각을 했는지 책을 경민이 앞으로 내밀었습니다.

"경민아, 앵무새 예쁘지?" 하고 물었습니다.

"……."

"경민아, 이 앵무새가 무슨 색이지?"

"……."

그러나 경민이는 아무 대답도 하지 않고 가만히 책만 내려다보았습니다.

"엄마가 앵무새는 무슨 색이냐고 묻잖아."

"엄마, 나 사실은 아무것도 안 보여요……."

경민이의 말에 엄마는 온몸의 힘이 쑥 빠져나가는 것을 느꼈습니다.

"경민아!"

"엄마……."

둘은 서로 끌어안고 울음을 터뜨렸습니다. 밤이나 낮이나 머릿속에서 떠나지 않던 어두운 불안의 그림자가 드디어 현실로 나타난 것입니다. 겨우 열세 살이었던 어린 경민이는 천장이 내려앉은 것 같았습니다.

"엄마, 나 이제 어떡해요?"

경민이의 말에 엄마는 경민이를 꼭 끌어안으며 말했습니다.

"경민아! 이 엄마가 언제나 네 곁에 있을 테니 걱정 마. 네 눈이 돼 줄 테니 조금도 걱정하지 마."

엄마의 목소리는 거의 울음소리나 다름없었습니다.

"엄마가 내 눈이 되어 준다고요?"

"그래, 약속할게."

엄마의 눈에서는 눈물이 쉴 새 없이 흘러내렸습니다.
"누나, 울지 마."
건넌방에서 울음소리를 듣고 뛰어온 남동생이 울먹이며 말했습니다.
세 사람은 부둥켜안고 울었습니다.

그날 밤, 경민이는 책상 앞에서 시간 가는 줄 모르고 꼼짝도 하지 않은 채 앉아 있었습니다.

깜깜한 어둠. 그 어둠만큼이나 경민이의 마음은 두려웠습니다. 그와 함께 자신의 존재가 한없이 작고 보잘것없게만 여겨졌습니다.

'앞을 못 보는 장애인으로 어떻게 살지?'

생각할수록 무섭고 두려웠습니다. 경민이는 왜 나한테 이런 시련을 주는 건지 모른다는 생각이 들었습니다. 만약 하느님이 계신다면 찾아가서 따지고 싶었습니다. 마음 같아서는 하느님의 가슴팍을 마구 때려 주고 싶었습니다.

'난 자신 없어…….'

경민이는 저도 모르게 고개를 흔들었습니다. 아무리 생각해도 눈이 안 보인 채 살아갈 일이 막막하게만 여겨졌습니다.

그 때 경민이의 머릿속에 언젠가 동화책에서 읽은 민들레 이야기가 한 줄기 빛처럼 떠올랐습니다.

어느 저녁, 한쪽 다리가 성하지 못해 목발을 짚은 한 아이가 자신의 신세를 비관한 나머지 목숨을 버리려는 독한 마음을 안고 아파트 옥상 위로 올라갑니다.

문을 열고 옥상으로 나가자 달빛이 온 세상을 환하게 비추고 있습니다.

하지만 아이의 마음은 동굴처럼 깜깜하기만 합니다.

한 걸음, 한 걸음 목발을 떼어 놓던 아이의 눈이 옥상바닥 한곳에 머뭅니다. 아주 작은 뭔가가 뾰족이 고개를 내민 것이 보였기 때문입니다.

아이는 그게 뭔가 하고 가까이 다가가 내려다봅니다. 작디작은 민들레가 딱딱한 콘크리트 바닥을 뚫고 나와 꽃을 피운 것이었습니다.

아이는 그 민들레를 내려다보면서 민들레의 강인한 정신력에 감탄합니다.

'아, 저 작은 민들레도 저렇게 사는데……!'

아이는 마음을 고쳐먹고 옥상을 내려옵니다.

경민이는 꽃씨를 심듯 그날 밤 가슴속에 그 민들레 이야기를 깊이 심었습니다.
'나도 민들레처럼 강한 사람이 될 테야!'
그렇게 마음속으로 부르짖었습니다.

외톨이가 된 경민이

앞을 보지 못하게 된 경민이는 엄마 없이는 밖에 나갈 엄두를 못 냈습니다. 그러니 친구들과 같이 어울려 놀 수도 없었습니다.

친했던 친구들도 하나둘씩 멀어져 가자 경민이는 날이 갈수록 외톨이가 되었습니다. 그 가운데서도 마음 아픈 것은 가장 친하게 지냈던 단짝 친구 주희가 자기를 멀리하는 것이었습니다.

한번은 엄마와 시장에 나갔다가 제 엄마와 나온 주희를 만났습니다.

경민이는 반가운 마음에 웃으며 말했습니다.
"주희야, 우리 과일 주스 마시러 갈래?"
"나, 피아노 배우러 가야 돼! 다음에 보자."
주희는 당황하며 달아나 버렸습니다.
 순간 경민이는 직감적으로 주희가 자기와 함께 있는 걸 창피하게 여긴다는 것을 느낄 수 있었습니다. 게다가 더욱 서운한 것은 주희 엄마의 말이었습니다.
"경민이 엄마, 우리 주희가 여간 바빠야 말이죠. 지난주부터는 발레도 배우고 있어요. 경민이랑

같이 못 놀아 줘도 이해해 주세요."

주희 엄마가 간 뒤, 엄마가 경민이에게 말했습니다.

"주희가 요새 많이 바쁜가 보구나. 너무 서운하게 생각하지 마라."

"괜찮아요, 엄마……."

말은 그렇게 했지만, 경민이는 마음속으로 울고 있었습니다. 주희가 자기를 멀리한다는 느낌을 지울 수가 없었기 때문입니다.

눈이 안 보이게 되면서 경민이는 잃은 것이 너무 많았습니다.

좋아하는 가수의 얼굴을 볼 수가 없는 것도 그 가운데 하나였습니다. 이젠 가수의 얼굴을 못 보고 노래로만 듣는다고 생각하니 너무 슬펐습니다.

'아, 나도 보고 싶다…….'

경민이는 그 생각을 하루에도 수백 번, 아니 수천 번은 했습니다. 보지 못하는 슬픔이 하루하루 크게 다가왔습니다.

반면에 눈이 안 보이면서 경민이는 모든 것에 더 예민해지고 민감해졌습니다. 손의 촉감이 더욱 발달한 것은 물론 상대방의 말이 진실한지, 아닌지도 나름대로 파악할 수 있었습니다.

앞을 보지 못하게 된 어린 경민이는 점자를 익히는 훈련을 받아야 했습니다. 처음 배우는 점자 교육은 생각보다 어려웠습니다. 손의 촉감만으로 글자를 기억해야 했기 때문입니다.

하지만 경민이는 앞으로 살아갈 일을 생각해서 입술을 깨물며 열심히 배웠습니다. 어떤 날은 눈물을 흘리면서 점자를 익히기도 했습니다.

그렇게 노력한 끝에 경민이는 점자를 완전히 익히는 데 성공했습니다. 초등학교, 중학교, 고등학교…… 경민이는 엄마의 안내를 받으며 맹학교에 다녔습니다.

다행히 맹학교 선생님들은 경민이에게 많은 사랑을 베풀어 주었고, 하나에서부터 열까지 잘 보살펴 주었습니다. 친구들의 도움도 컸습니다.

경민이는 고등학교 때까지 엄마의 도움을 받으며 즐겁게 학교생활을 했습니다.

고등학교 2학년 봄, 어느 저녁때였습니다.

"경민아, 우리도 안내견을 신청해 볼까?"

아빠가 경민이에게 진지하게 말했습니다.

"안내견을요?"

"응. 아빠가 알아봤는데 삼성에서 시각장애인을 위해 안내견을 분양해 준다는구나. 안내견이 있으면 경민이 너도 혼자 다닐 수가 있으니 얼마나 좋겠니."

"하지만 여보, 경민이는 개를 무서워하는 데다 안내견의 도움을 받는다 하더라도 혼자서 어떡해……?"

엄마가 걱정스러운 얼굴을 했습니다.

"무슨 소리야? 경민이가 애도 아니고……. 이제 경민이도 다 커서 충분히 혼자 할 수 있는 나이예요. 경민아, 믿을 만한 안내견만 있으면 혼자서도 다닐 수 있겠지?"

아빠가 물었습니다.

"……네. 아직 한 번도 생각해 본 적이 없어서 사실 조금은 무서워요. 그래도 아빠 말씀처럼 앞으로는 저도 혼자 다닐 수 있어야 할 것 같아요. 또 가고 싶은 곳도 혼자 힘으로 얼마든지 다닐 수 있게 되면 좋을 것 같아요. 근데 아빠, 안내견 신청은 어떻게 하는 건데요?"

"그건 아빠가 해 주마. 넌 마음의 준비나 해 둬. 제발 안내견이나 분양받았으면 좋겠구나."

며칠 후, 아빠는 안내견 분양을 신청했다며 기다려 보자고 했습니다.

경민이는 잠자리에 들기 전 두 손을 가슴에 모으고 저 밤하늘의 별을 향해 기도를 했습니다.

'하느님, 그동안 저의 손과 발이 되어 주시느라 부모

 님의 고생이 정말 많았습니다. 이제 저도 어른이 될 텐데, 혼자서도 잘 다닐 수 있도록 좋은 안내견을 만나게 해 주세요. 저에게 제발 안내견을 보내 주세요…….'
 그런데 아직 경민이의 기도가 하늘에 닿지 못했나 봅니다. 안타깝게도 안내견은 미성년자에게는 분양이 안 된다는 것입니다. 그러다 보니 경민이는 종종 안내견과 함께 노는 꿈을 꾸기도 하였습니다.

미담이와의 만남

 매섭던 겨울이 지나고 따스한 봄기운이 감돌던 어느 날 오후였습니다.

"거기가 김경민 학생 집인가요?"

수화기를 들자 굵직한 남자 음성이 들렸습니다.

"네, 제가 김경민인데요……."

"아, 안내견을 신청한 학생이군요. 여기는 삼성화재안내견학교인데요, 안내견 분양 대상자로 선정되셔서 연락드립니다."

"어머나! 감사합니다. 정말 감사합니다!"

경민이는 갑자기 눈앞의 세상이 환해지는 기분이었습니다. 그토록 바라던 안내견을 분양받게 됐으니 그 기쁨은 이루 말할 수 없었습니다. 지금까지는 엄마의 보살핌을 받아 가며 학교에 다녔지만, 대학생이 되면서부터는 안내견을 데리고 혼자서도 학교에 다닐 수 있게 된 것입니다.

경민이는 수화기를 내려놓자마자 일을 하시는 엄마한테 전화를 걸었습니다.

"엄마, 기뻐해 주세요. 안내견을 분양받게 됐어요!"

"그래? 경민이 네 소원이 이루어졌구나."

엄마도 여간 기뻐하지 않았습니다.

"아빠가 볼일이 있어서 밖에 나가셨는데, 얼른 알려 드려야겠구나. 얼마나 기뻐하실까."

엄마가 좋아서 어쩔 줄 몰라 했습니다.

경민이 엄마와 아빠는 치킨 가게를 운영합니다. 아침부터 늦은 저녁 시간까지 잠시도 쉴 틈이 없습니다. 그렇게 해서 번 돈으로 지금까지 경민이의 수술비며, 치료비 등 뒷바라지를 해 오신 것입니다.

'어떻게 생긴 개일까?'

전화를 끊고 난 경민이는 머릿속으로 분양해 준다는 안내견을 이리저리 그려 보았습니다. 어릴 적 보았던 여러 종의 개의 모습이 스쳐 지나갔습니다.

그와 함께 불안감도 스며들었습니다.

'안내견의 도움을 받는다곤 하지만, 내가 과연 혼자 다닐 수가 있을까?'

그런 생각에 잠겨 있는데, 따르릉따르릉하고 전화벨이 울렸습니다.

"경민아, 축하한다!"

아빠였습니다.

"네, 아빠. 모든 게 아빠 엄마 덕분이에요."

그건 진심이었습니다.

경민이는 아빠 엄마의 사랑을 한시도 잊은 적이 없습니다. 앞을 못 보는 자신을 위해 쏟은 두 분의 사랑을 생각하면 늘 가슴이 먹먹했습니다.

"그럼, 이제 안내견 학교에 들어가서 교육부터 받아야겠구나."

"네, 아빠."

안내견을 분양받기 위해서는 먼저 안내견 학교에 들어가 안내견 사용자 교육을 받아야 합니다. 안내견과 함께 생활하는 데 필요한 교육을 받는 것입니다.

며칠 뒤, 경민이는 설레는 마음으로 삼성화재안내견 학교에 도착했습니다.

훈련사 박 선생님은 경민이에게 개를 길러 본 적이 있느냐고 물었습니다.

"아뇨. 솔직히 말씀드리면 전 어릴 때 개를 무서워했어요. 마음의 준비는 하고 왔지만 막상 눈앞에 개가 있다고 생각하니, 지금도 이렇게 떨려요."

"그래? 개는 한 번 사귀면 어떤 경우라도 믿음을 저버리지 않는 의리의 동물이야. 특히 우리 인간에겐 그 어떤 동물보다도 고마운 동물이란다. 지금 앞에 있는 이 안내견이 바로 경민이와 함께 지낼 개야."

"아, 엄마아~~~."

경민이는 순간 놀라 저도 모르게 한 발자국 뒤로 물러

서고 말았습니다. 이를 본 훈련사 박 선생님은 껄껄 웃었습니다.

"경민아, 먼저 자세를 낮추고 개와 눈높이를 맞춰. 그리고 인사를 해야지."

"인사요? 어떻게 하는 건데요?"

"손을 내밀면 개가 다가올 거야. 그럼 그 때 쓰다듬어 주면 돼."

경민이는 박 선생님의 지시대로 몸을 구부리고 앉았습니다. 그리고 떨리는 마음을 가까스로 진정시키며 조심스레 손을 내밀었습니다.

"조금 더 앞으로 뻗어 봐."

박 선생님이 말했습니다.

경민이는 손을 조금 더 앞으로 내밀었습니다. 그러자 부드러운 털의 촉감이 와 닿았습니다. 순간 이상하게도 지금까지 품었던 불안감 대신 포근하고 따뜻함이 손바닥을 통해 전해졌습니다.

"선생님, 털이 아주 부드러워요."

"이 개는 래브라도 리트리버라는 캐나다 종의 개야.

안내견으로는 최고지."

"덩치도 아주 큰데요."

경민이는 조심스럽게 두 손으로 개를 감싸 쓰다듬었습니다.

"그럼, 키가 55센티미터에다 몸무게도 26킬로그램이나 되는걸. 적당한 힘이 있어야만 안내견이 끌고 가는 것을 주인도 느낄 수가 있거든."

"사납진 않나요?"

"아주 온순하다니까. 거기다 성품이 밝고 활달해. 앞으로 경민이와는 정말 좋은 친구가 될 거야."

경민이는 박 선생님의 '친구'라는 말이 퍽 정답게 들렸습니다.

'친구!'

경민이는 손으로 개를 쓰다듬으면서 입속에서 가만히 되뇌었습니다.

그랬습니다. 경민이는 지금까지 참 많은 친구들의 도움을 받았습니다. 학교 친구들은 말할 것도 없고 길에서 처음 만난 낯선 친구들한테서도 많은 도움을 받았습니다.

그 때마다 경민이는 그 누구보다도 친구의 소중함을 느꼈고, 자신도 그들에게 좋은 친구가 되어야겠다고 다짐을 했습니다.

"선생님, 개 이름은 없어요?"

"아 참! 내 정신 좀 보게. 이름을 알려 준다는 걸 깜빡 했네. 미담이야."

"미담이요?"

"응. 어때? 부르기 좋지?"

"네. 아주 좋아요. 미담이…… 미담이!"

경민이는 미소를 지었습니다.

"미담아, 난 경민이라고 해. 앞으로 우리 좋은 친구가 되자, 응?"

그 말을 알아듣기라도 한 듯 미담이는 경민이의 손에 콧등을 댔습니다. 촉촉한 콧등의 감촉에 경민이는 또 한 번 미소를 지었습니다.

합숙 훈련

 경민이는 박 선생님을 통해 안내견에 대해 많은 것을 알았습니다.

안내견이 되기 위해서는 무엇보다도 우수한 성품을 가진 품종이어야 한다는 것, 정해진 여러 훈련 과정을 통해 안내견으로서 합격점을 받아야 한다는 것, 여기에다 외모도 잘생겨야 하고 성격도 좋아야 한다는 것이었습니다. 그런 만큼 안내견에 대해서는 전적으로 신뢰를 해도 좋다고 했습니다.

"선생님, 잘 알았어요. 이제부터는 미담이를 믿고 따

를 게요."

 경민이는 이날부터 미담이와 함께 생활하면서 시각장애인이 안내견과 살아가는 데 필요한 기초 훈련을 쌓았습니다.

 경민이는 먼저 미담이를 관리하는 법을 배웠습니다. 먹이 주는 법, 칫솔질해 주는 법, 목욕시키는 법, 그리고 빗질해 주는 법 등을 하나하나 익혔습니다.

 그것은 그리 어려운 일이 아니었습니다. 그렇지만 애

정을 가지고 정신을 집중해야 하는 일이었습니다. 그래서 경민이는 박 선생님이 시키는 대로 손동작 하나하나에 마음을 쏟았고 정성을 기울였습니다.

미담이는 이미 강아지였을 때 퍼피워킹❤을 받았기 때문에 경민이의 보살핌에 아주 잘 따랐습니다.

미담이는 경민이를 아주 조심스럽게 안내하였습니다. 경민이는 처음엔 미담이를 믿지 못해 마음이 불안했지만, 훈련을 거듭하면서 미담이에 대한 믿음이 점점 커졌습니다.

하루는 박 선생님이 경민이를 불러 "오늘은 특별한 훈련을 할 거야." 하고 말했습니다.

"특별한 훈련이요?"

"매일 다니던 길에 차가 주차해 있다거나 벽돌 같은 게 쌓여 있다고 가정해서 하는 훈련이야. 그럴 땐 어떻게 해야 하지?"

❤ **퍼피워킹** 개가 생후 7주가 되었을 때 자원봉사자의 가정에 들어가 1년간 가족과 함께 지내는 과정

"음…… 돌아가야겠지요."

"그래, 바로 그거야. 자, 지금부터 미담이가 어떻게 하나 잘 기억해 둬."

박 선생님은 늘 다니던 길에 벽돌을 쌓아 장애물을 만들어 놓았습니다. 미담이는 장애물 앞에 이르자 경민이가 가자고 해도 절대 움직이지 않았습니다. 이것은 안내견 학교에서 이미 그렇게 훈련을 받았기 때문입니다.

얼마 후에야 미담이는 벽돌 더미를 돌아 경민이를 안전하게 안내하였습니다.

"경민아, 미담이가 가지 않고 멈춰 섰을 땐 앞에 장애물이 있거나 위험한 상황이 벌어졌다고 생각하면 돼. 그러니까 미담이가 다시 움직이면 그 때 따라가야 해. 알았지?"

박 선생님이 친절하게 일러 주었습니다.

"네."

이날 경민이와 미담이는 장애물을 피해 돌아가는 훈련을 익혔습니다. 훈련은 한 번으로 끝나지 않고 몇 차례 더 반복을 하고서야 끝이 났습니다.

밤이 되었습니다.

오늘은 미담이가 처음으로 경민이 옆에 자리를 잡고 누웠습니다. 경민이는 미담이가 어두워서 잘못 덮치거나 혹시나 물지 않을까 하는 불안감이 들었습니다. 미담이와 훈련을 받고 며칠 동안 생활하면서 전적으로 믿기로 이미 마음을 굳혔으면서도, 태어나 처음 캄캄한 밤에 큰 개와 둘이 있다 보니 불안감을 완전히 떨쳐 버릴 수가 없었습니다. 경민이는 미담이를 향해 솔직한 속마음을 털어놓았습니다.

"미담아, 솔직히 말해서 난 아직도 네가 조금은 두려워. 날 물지 않을까 걱정되고 불안해."

그러자 미담이는 마치 경민이의 그 말을 알아듣기라도 한 듯 살며시 다가오더니 경민이의 품에 살그머니 안기는 것이었습니다.

"친구야, 마음 푹 놓아. 절대 그런 일은 없을 거야. 난 평생 친구를 위해 살기로 결심했단 말이야. 그러니 나를 믿어." 꼭 그렇게 말하는 것만 같았습니다. 아니 경민이는 미담이의 체온을 통해 그것을 확실히 느꼈습니다.

"미담아, 고마워. 그냥 해 본 소리니까 서운하게 생각하지 마."

경민이는 미담이의 목덜미를 끌어안으며 조용히 속삭였습니다.

"경민아, 안내견이랑 잘 지내니?"

합숙 훈련이 궁금했는지 며칠 지나지 않아 엄마가 전화를 했습니다.

"네, 엄마. 미담이가 아주 순해요. 내 말에 어찌나 잘 따르는지 몰라요. 아주 오래 사귄 친구 같아요."

"그래? 다행이구나. 넌 어릴 적에 개를 무서워했잖니. 엄마는 그게 제일 걱정이 되더라고."

"그 땐 그랬지만 지금은 성인이잖아요. 미담이가 얼마나 순하고 예쁜데."

"안내견 이름이 미담이야?"

"네. 이름도 예쁘죠?"

"그래. 고생은 안 되고?"

"고생은……. 미담이랑 같이 지내다 보면 금세 하루가 가는걸요. 이 곳에 계신 분들도 다들 친절해요. 아빠는 잘 계세요?"

"응. 아빠는 네가 혼자 잘하고 있을지 걱정을 많이 하신다."

"아빠한테 걱정하지 마시라고 해요. 엄마, 난 말이지요, 미담이 데리고 나 혼자 밖에 나갈 생각을 하면 날아갈 것 같아요."

그건 사실이었습니다.

경민이는 시각을 잃은 뒤부터 지금까지 한 번도 혼자서 바깥을 나간 적이 없었습니다. 밖에 나갈 일이 있으면 그 때마다 엄마의 도움을 받아야만 했습니다. 때론 그게 상당한 부담감으로 느껴졌던 게 사실입니다.

"맞다! 이제부터 넌 독립이다."

'독립'이란 말을 해 놓고 엄마는 웃었습니다.

"그래요, 엄마. 나 독립이에요!"

경민이도 깔깔대며 웃었습니다.

미담이와 대학교에 가다

 삼월의 아침 햇살이 눈부십니다.

오늘은 대학생이 된 경민이가 미담이와 같이 학교에 가는 첫날입니다. 이미 여러 차례 예행연습을 했다고는 하지만 정식으로 학교에 가는 것은 오늘이 처음입니다.

"경민아, 조심해서 잘 다녀와라."

엄마가 걱정스러운 눈으로 경민이의 손을 꼭 잡으며 말했습니다.

"알았어요, 엄마."

경민이는 엄마 손을 꼭 쥐었습니다.

"아빠는 걱정 안 하련다. 우리 경민이와 미담이를 믿으니까."

아빠는 경민이의 어깨를 가볍게 두드렸습니다.

"아빠, 염려 마셔요."

경민이는 미담이를 앞세우고 집을 나섰습니다.

안내견 훈련사 박 선생님이 몇 걸음 뒤에 떨어져서 경민이를 따랐습니다.

"경민아, 학교 가는 거리를 머릿속으로 잘 기억하면서 가야 해. 마음 푹 놓고 천천히!"

훈련사 박 선생님이 따라오며 말했습니다.

"네."

경민이는 하네스❋의 손잡이를 붙잡고 미담이에게 몸을 맡긴 채 편안하게 걸었습니다.

경민이는 엄마의 손을 잡고 학교에 갈 때와는 전혀 다른 새로운 기분을 느꼈습니다. 뭐랄까, 새처럼 하늘을 훨훨 나는 기분이라고나 할까요?

❋ **하네스** 시각장애인과 안내견이 서로의 움직임을 전달하고 안전한 보행을 할 수 있도록 설계된 가죽 장구로, 안내견이 보행 중에 착용함

'이제부터는 나 혼자서도 어디든 갈 수가 있어!'

그런 생각이 들자 경민이는 가슴이 설레면서 저도 모르게 발걸음이 빨라졌습니다.

"너무 빨라. 천천히 가자!"

박 선생님이 주의를 주었습니다.

"아, 네."

경민이는 미담이와 일정한 간격을 유지하며 천천히 걸었습니다.

그동안 여러 차례 예행연습을 했지만 역시 단독 보행은 신경이 많이 쓰였습니다.

두 차례나 횡단보도를 건너고 지하도를 지나면서 경민이의 이마에는 어느새 땀이 흘러내렸습니다. 무엇보다도 길이란 복잡하고 멀다는 느낌을 지울 수가 없었습니다. 거기다 위험하다는 생각에 걱정을 떨쳐 버릴 수도 없었습니다.

그러나 생각지도 않은 기쁜 일도 있었습니다.

거리에서 만난 아이들이 미담이를 보자 탄성을 지르며 몰려왔습니다.

"와, 안내견이다!"

"어머나! 저 눈 좀 봐. 덩치에 비해 너무너무 순해 보인다."

"영화에서 본 안내견과 똑같다."

아이들은 저마다 한마디씩 하며 좋아했습니다.

그뿐만이 아니었습니다.

"누나, 이 개 이름이 뭐예요?" 하고 묻는 아이도 있었습니다.

"미담이야."

"미담이? 아주 예쁜 이름인데요. 누가 지었어요?"

"안내견 학교에서 지어 줬어."

"개 학교도 다 있어요?"

"그럼."

"우와!"

아이들은 웃고 떠들면서 금세 친구가 되었습니다.

마침내 학교에 도착했습니다.

같은 과 학생들은 경민이 곁으로 몰려오더니 미담이가 예쁘고 듬직하다면서 이것저것 물었습니다.

"이 개 만져도 되니?"

"미담이? 이름이 아주 예쁘네. 성격도 아주 온순해 보이고……."

"영리한 개는 사람이 하는 말을 알아듣는다는데, 정말 그래?"

처음 만난 친구들인데도 다들 오래 사귄 사이 같았습니다. 게다가 친구들은 경민이에게 친절하게 대해 주었고, 관심을 보이며 잘 도와주었습니다.

"경민아, 우리가 필요하면 언제든지 말해. 알았지?"

"경민아, 조금도 불편해하지 마."

친구들의 말에 경민이는 갑자기 영화 속의 주인공이라도 된 기분이었습니다.

수업 시간에 미담이는 교실 한쪽 구석에서 조용히 잠을 잤습니다. 경민이는 그렇게 얌전한 미담이가 대견스럽고 고마웠습니다.

첫 등교는 성공이었습니다.

인도에 주차한 자동차 때문에 잠시 당황했던 것, 지하도를 지날 때 계단을 잘못 디뎌 하마터면 넘어질 뻔한 것, 그리고 횡단보도 앞에서 녹색 불이 켜지기를 기다리며 서 있을 때 경적을 요란하게 울리며 지나간 트럭 소리에 깜짝 놀란 것 외엔 대체로 순탄한 길이었습니다.

무엇보다도 맹학교가 아닌 곳에서 만난 처지가 다른

학교 친구들이 관심을 보이고 친절하게 대해 준 게 여간 고맙지 않았습니다.

"경민아, 무사히 잘 다녀와서 기쁘다. 엄마가 얼마나 걱정을 했는데…….."

가게 문을 닫고 들어온 엄마는 경민이를 꼭 끌어안으며 기뻐서 어쩔 줄 몰랐습니다.

"엄마도 참! 이렇게 듬직한 미담이가 있는데 웬 걱정이에요. 앞으론 걱정 푹 놓으시고 가게나 신경 쓰세요."

경민이는 통닭 냄새가 밴 엄마의 품에 얼굴을 묻으며 말했습니다.

"그래, 엄마랑 아빠랑은 열심히 장사를 할 테니 경민이 넌 열심히 공부해라."

아빠도 웃으며 말했습니다.

그날 저녁, 미담이의 목덜미를 쓰다듬으면서 경민이는 감사의 인사를 했습니다.

"미담아, 고마워. 네 덕분에 학교를 무사히 다녀왔어. 많이 피곤하지? 실은 나도 많이 피곤해. 솔직히 말해 그

동안 걱정이 되어 제대로 잠을 못 잤거든. 너를 못 믿어서가 아니라 정말 나 혼자 학교를 다닐 수 있을까 하고 많이 걱정을 했단 말이야. 그런데 오늘 난 자신감이 생겼어. 물론 네가 안내를 해 준 덕분이긴 하지만. 미담아, 정말 고마워······."

뜻하지 않은 고민거리

 입학 후 셋째 날 첫 강의 시간이 되었습니다.
 강의실에 들어선 최 교수님은 안내견을 보자 대뜸 얼굴빛이 달라졌습니다.
 "수업에 지장이 있으니 그 개는 강의실 밖으로 내보내세요."
 순간, 강의실은 찬물을 끼얹은 듯 조용해졌습니다.
 "저 교수님, 이 개는 안내견인데요."
 맨 앞자리에 앉은 친구가 말했습니다.
 "안내견인 건 나도 알아요. 하지만 여긴 강의실이에요.

안내할 일이 있는 것도 아니고, 굳이 개가 여기 있을 필요는 없지요."

최 교수님은 못마땅한 얼굴로 미담이를 쳐다보며 말했습니다.

"저어 교수님, 며칠 지켜보니 미담이는 얌전해서 수업에 방해가 안 돼요. 얘들아, 그렇지?"

경민이 옆자리에 앉은 친구가 학생들을 둘러보며 말

했습니다.

"네, 맞아요. 미담이는 아주 얌전해요. 그냥 강의실에 있도록 허락해 주세요."

"여태 수업을 방해한 적은 한 번도 없었어요."

"그래요, 교수님. 그냥 여기 있게 해 주세요."

여기저기서 학생들이 한마디씩 거들자 최 교수님도 어쩔 수가 없다는 듯, "다들 같은 생각이에요?" 하고 물었습니다.

"네!"

"그럼, 어디 두고 볼까요? 만약에 수업에 방해가 되면 그땐 어쩔 수 없이……." 하고 말끝을 흐렸습니다. 미담이를 밖으로 내보내겠다는 뜻이었습니다.

경민이는 수업 시간 내내 얼마나 마음이 조마조마했는지 모릅니다. 최 교수님의 말이 하나도 귀에 들어오지 않았습니다. 오직 미담이에게만 신경이 가 있었습니다.

다행히도 미담이는 한쪽 구석에서 얌전히 잠을 잤습니다. 경민이는 그런 미담이가 너무 고맙고 대견해서 눈물이 다 났습니다.

학교생활에 천천히 적응하며 지내던 어느 날, 점심시간에 경민이가 친구들과 함께 음식점에 들어갔을 때의 일입니다.

안내견을 본 여주인이 깜짝 놀라 입구에서 제지를 했습니다.

"이것 봐요. 개를 식당에 데리고 들어오면 어떡해요. 개는 여기 들어오게 하면 안 돼요."

여주인에 이어 주인아저씨도 못마땅한 얼굴로 손을 저었습니다.

"학생들, 손님들이 싫어하니까 개는 밖에 매 둬."

경민이는 속이 상해서 뭐라고 할 말조차 떠오르지 않았습니다.

"아저씨, 이 개는 안내견이에요."

경민이는 속상한 감정을 누른 채 말했습니다.

"안내견인 건 나도 알아. 그렇지만 사람들이 음식을 먹는 식당에 개를……. 그러다가 개털이라도 음식에 들어가게 되면 우리가 난처해진다고."

"그럼요. 말은 안 하지만 여기 손님들이 분명 불편하게

생각할 거야."

안주인이 얼굴을 찡그렸습니다.

그 때 창가에서 식사를 하던 말끔히 차려입은 아주머니가 일어서더니, "주인아저씨, 저희는 괜찮아요. 안내견을 여기 있게 해 주세요. 제가 안내견에 대해선 좀 아는데요, 훈련을 받은 개라서 절대 말썽을 안 부려요." 하는 것이었습니다.

"손님이 그렇게 말씀을 하시니……."

그 아주머니의 말에 주인아저씨는 마지못해 허락을 했습니다.

눈치가 빠른 미담이는 식당 한쪽 구석에서 얌전하게 휴식을 취했습니다. 가끔 식당 안을 휘둘러본 것 말고는 그 어떤 말썽도 피우지 않았습니다.

하지만 이런 일을 여러 차례나 겪게 되자, 경민이는 어딜 가나 주위에 신경이 쓰였습니다.

또 한번은 미담이가 남이 준 음식물을 먹고 배탈이 난 적이 있었습니다. 급기야 엄마가 미담이를 데리고 동물

병원에 가서 주사를 맞히고 약을 먹여 낫긴 했지만, 미담이가 몹시 괴로워하는 것을 느낀 경민이는 얼마나 가슴을 졸여야 했는지 모릅니다.

그 일을 겪은 뒤부터 경민이는 자신이 주는 사료 외엔 일체 다른 사람이 주는 것을 미담이가 먹지 못하도록 했습니다.

미담이도 남이 준 음식물을 먹고 탈이 난 것을 아는지 이젠 다른 사람이 먹을 것을 줘도 눈치를 살필 뿐 선뜻 먹으려고 하지 않았습니다.

엄마 아빠, 미안해요

시각장애를 가진 몸으로 공부를 한다는 것은 쉬운 일이 아닙니다. 멀쩡한 눈을 가진 사람도 하기 어려운 게 공부인데 하물며 눈이 안 보인 데서야.

그러나 경민이는 결코 낙담하거나 포기하지 않았습니다. 비장애인보다 두 곱, 세 곱으로 노력을 하면 하지 못할 게 없다는 것이 경민이의 생각이었습니다.

경민이는 어릴 적부터 남보다 샘이 많았습니다. 시력을 잃은 뒤부터는 더욱 그랬습니다. 다른 것은 몰라도 공부만은 그 누구에게도 뒤지지 않으려고 아주 열심히 했습니다.

대학교에 들어오기 전, 경민이의 맹학교 성적은 늘 최상위였습니다.

중학교 2학년 2학기 때였습니다. 그 때까지 쭉 2등을 해 오던 경민이가 1점도 안 되는 점수 차로 3등을 한 적이 있었습니다.

경민이는 성적표를 받던 날 하도 속이 상해서 밥도 먹지 않았습니다. 친구가 전화를 걸었는데도 받지 않았을 뿐 아니라 방에서 꼼짝도 하지 않았습니다.

'난 누구보다도 열심히 공부를 했어. 그런데 고작 3등이야? 야 김경민! 그러고도 부끄럽지 않니?'

경민이는 자신을 향해 무수한 화살을 쏘아 댔습니다. 그래도 분이 풀리지 않았습니다. 무엇보다도 자신을 위해 밤낮으로 고생을 하시는 엄마 아빠에게 죄송한 마음이 들었습니다.

그날 밤, 경민이는 처음으로 부모님한테 편지를 썼습니다.

그런데 유치원 때 써 보고 오랫동안 글씨를 쓰지 않았기 때문에 편지를 쓰는 데 어려움이 많았습니다.

글자를 반듯하게 쓰지 못했을뿐더러 줄이 맞는지 어떤지도 알 수가 없었습니다.

경민이는 끙끙거린 끝에 가까스로 편지 쓰기를 끝냈습니다.

엄마 아빠, 정말 죄송해요.

저 지난 시험에서 3등 했어요.

1점도 안 되는 점수 차로 2등을 빼앗겼어요.

엄마, 글씨가 많이 이상하죠?

제가 혹시 쓴 데다 또 쓰지 않았나요?

경민이는 그 편지를 엄마가 잠든 머리맡에 두고 나왔습니다.

이튿날 아침, 엄마는 경민이의 편지를 읽으면서 눈물을 흘렸습니다.

백지에 커다랗게 쓴 글자가 이리 삐뚤, 저리 삐뚤 놓여 있었기 때문입니다. 그것은 글씨라기보다 무슨 새의 발자국처럼 보였습니다.

"편지라고 몇 자 되지도 않는 걸 이렇게 크게 다섯 장이나 썼구나."

엄마의 얼굴에서는 눈물이 쉴 새 없이 뺨을 타고 흘러내렸습니다.

"아침부터 무슨 일이야?"

잠에서 깬 아빠가 눈물을 흘리고 있는 엄마에게 물었습니다.

"여보, 이것 좀 보셔요. 경민이가 우리한테 편지를 다 썼네요."

"어디?"

아빠는 경민이가 쓴 편지를 들여다보다 말고 목이 메

는지 아무 말도 안 했습니다.

"제 딴엔 성적이 떨어져서 많이 속상했나 봐요."

엄마가 아빠의 눈치를 살피며 말했습니다.

아빠는 말없이 고개만 끄덕였습니다. 눈에 이슬이 맺혀 있는 게 보였습니다.

"여보, 우리 오늘 저녁엔 경민이를 위해 파티 한번 엽시다."

"파티요?"

"응. 3등은 어디 거저 얻는 건가 뭐?"

"그래요. 우리가 경민이의 마음을 위로해 줍시다."

그날 저녁, 경민이 가족은 과자와 음료수를 놓고 파티를 열었습니다.

"우리 딸 경민이를 위하여!"

음료수 잔을 부딪쳐 건배도 하였습니다.

경민이는 그 자리에서 부모님의 깊은 사랑을 다시 한 번 느꼈고 큰 힘을 얻었습니다. 더욱 열심히 공부해서 이다음에 꼭 부모님의 은혜에 보답을 하겠다는 다짐도 하였습니다.

경민이는 그렇게 노력한 보람이 있어 맹학교를 우수한 성적으로 졸업하였고, 그토록 바라던 일반 대학교에 입학할 수가 있었던 것입니다.

숙명여자대학교 교육학과.

시각장애인으로서는 보기 드문, 참으로 어려운 일을 해낸 것이었습니다.

그러나 대학 생활은 맹학교 때와는 또 다른 어려움이 있었습니다. 대학교는 대부분의 학생이 비장애인인 데

반해 경민이는 시각장애인이었기 때문입니다.

'난 시각장애인일 뿐이지, 마음의 장애자는 아니야. 그 누구보다도 건강한 정신과 꿈을 갖고 있어. 이를 세상에 알리기 위해서라도 더욱 열심히 해야 돼!'

경민이는 하루에도 수없이 다짐을 하고 또 다짐했습니다.

가슴속에서 자라는 꿈

 대학교 교정 나무 밑.

그날따라 초록색 비단을 깔아 놓은 듯한 잔디밭에는 눈부신 5월의 햇살이 쏟아지고 있었습니다.

경민이는 미담이를 곁에 앉혀 놓은 채 같은 과 친구인 주희랑 나란히 벤치에 앉아 정답게 이야기를 나누고 있었습니다. 주희는 초등학교 때 친했다가 한때 멀어졌던 친구인데, 대학교에서 다시 만나게 되었습니다.

"경민아, 그동안 정말 미안했어. 내가 그 땐 너무 어려서 철이 없었나 봐. 나 많이 미워했지?"

다시 만난 날, 주희는 경민이에게 지난 일을 사과했습니다.

"미워하긴…… 너를 다시 만나서 너무 좋아."

그건 진심이었습니다. 경민이는 주희를 만난 게 얼마나 든든한지 모릅니다.

"정말이지? 경민아, 고마워……."

주희는 앞을 못 보는 경민이를 위해 교재를 컴퓨터 파일로 바꾸는 작업을 해 주었습니다. 서운하게 대했던 지난날의 잘못을 뉘우치기라도 하듯 정말 열심히 경민이를 도왔습니다.

"경민아, 넌 꿈이 뭐야?"

주희가 경민이 손을 잡으며 물었습니다.

"너도 알다시피 어릴 적 꿈은 간호사였어. 그런데 시각장애를 갖고 간호사를 한다는 것이 어렵다는 걸 깨달았어. 그래서 학교 선생님으로 바꿨어."

"그럼 맹학교 선생님이 되려고 하는구나?"

"아니, 일반 학교 영어 선생님."

"그래?"

경민이의 대답에 주희가 놀란 얼굴을 했습니다. 시각장애를 가지고 일반 학교에서 영어를 가르친다는 건 간호사만큼이나 쉽지 않은 일이었기 때문입니다.

"주희야, 난 꼭 내 꿈을 이룰 거야!"

경민이는 주희의 손을 힘 있게 잡았습니다.

일반 학교 영어 선생님.

그건 경민이 자신이 어려운 일이라는 것을 그 누구보다도 잘 알았습니다. 그렇기 때문에 더욱 간절히 되고 싶었습니다. 그래서 장애인도 비장애인 이상으로 잘할 수 있다는 것을 세상에 알리고 싶었습니다. 무엇보다도 장애를 가진 이 땅의 많은 후배들에게 희망과 용기를 심어 주고 싶었습니다.

"그래, 경민이 넌 해낼 수 있을 거야."

주희는 고개를 끄덕였습니다.

주희는 경민이가 누구보다도 의지가 강하다는 것을 알고 있었습니다. 그렇기 때문에 경민이의 공부를 돕는 일을 기꺼이 자청했던 것입니다.

교재를 컴퓨터 파일로 바꾸는 데는 많은 노력과 시간이 필요했습니다. 그렇지만 주희는 경민이를 생각하면 늘 즐거운 마음으로 할 수가 있었습니다.

굳은 의지가 있었지만 경민이에게 대학교 공부는 역시 쉽지 않았습니다. 특히 교수님들이 내 주는 과제물을 연구하여 작성하는 일이 무엇보다 어려웠습니다. 다른 친구들은 컴퓨터로 인터넷이나 책, 기타 다른 자료들을 뒤져서 쉽사리 리포트를 작성했지만 경민이는 그렇게 할 수가 없었습니다.

경민이는 자료가 부족한 대신 고민 끝에 자신의 상상력을 있는 대로 동원하여 리포트를 작성하였습니다. 그러다 보니 미담이랑 같이 지내면서 체험한 이야기를 응용해 써내는 경우가 많아졌습니다.

하루는 입학 후 첫 강의 때 미담이를 강의실 밖으로 내보내라고 했었던 최 교수님이 경민이를 불렀습니다.

경민이는 지난번 제출했던 리포트가 걱정되었습니다. 지난번에 제출한 리포트는 너무 어려워 머리를 쥐어짜다시피 해서 겨우 작성했기 때문입니다.

"죄송해요, 교수님."

경민이는 불안한 마음에 최 교수님을 만나자마자 머리부터 숙였습니다.

"죄송? 왜 죄송해야 하는데?"

최 교수님이 웃으며 물었습니다.

"제대로 리포트를 작성하지 못해서요."

"무슨 소리야? 난 경민이가 리포트를 아주 창의적으로 작성했다고 칭찬해 주려는 참이었는데, 죄송하다니. 수고 많았어. 앞으로도 그렇게 독창적인 생각을 가지고 과제를 연구하도록 해."

최 교수님은 지식도 지식이지만 그에 앞서 자신만의 생각이 중요하다고 말했습니다. 그리고 그것이 바로 다른 사람과의 차별화를 가져다준다고 했습니다.

경민이는 최 교수님의 칭찬에 한편으로는 기쁘면서도 혹시 장애인이라서 좋게 봐주시는 게 아닌가 하는 생각이 들었습니다.

그런데 다른 과목의 교수님들도 경민이의 리포트를 아주 높게 평가해 주는 것이었습니다. 경민이는 비로소 마음에 품고 있던 의아심을 떨쳐 버릴 수가 있었습니다.

'난 남들보다 더 많이, 깊이 생각해야지!'

이것은 곧 경민이의 생활철학이 되었습니다.

"미담아, 고마워. 너랑 지내면서 친구도 많이 생겼지만 공부에도 큰 도움이 되고 있어."

경민이는 미담이의 머리를 쓰다듬어 주면서 기쁘게 말했습니다.

"그리고 참, 또 하나 고마워해야 할 게 있네. 미담이 네 덕분에 내 성격도 명랑해졌고 적극적으로 변했어."

경민이는 미담이를 꼭 끌어안았습니다.

그건 사실이었습니다. 사람들을 좋아하고 세상 구경하는 것을 좋아하는 미담이 덕분에 경민이의 성격도 밝고 활달해졌습니다. 전에는 특별한 일이 아니면 사람들에게 가까이 가기를 꺼렸던 경민이였거든요.

경민이는 미담이랑 지내면서 깨달은 게 있었습니다.

바로 봉사 정신이었습니다. 미담이가 오로지 앞 못 보는 자신을 위해 하루를 산다는 생각을 하면 경민이는 늘 가슴이 뻐근했습니다.

경민이가 어려운 사람들을 돕겠다고 다짐을 하게 된 데는 미담이의 헌신과 봉사도 한몫을 했던 것입니다.

보이지 않는 끈

금요일 오후, 학교 식당에서 점심 식사를 마친 경민이는 미담이와 주희랑 학교 운동장을 거닐고 있었습니다.

"경민아, 넌 항상 미담이랑 지내니 심심하지 않지?"

주희가 물었습니다.

"그럼, 얼마나 재미있는데. 미담이가 제일 좋아하는 게 뭔지 아니? 안아 주는 거야. 안아달라고 할 때 안 안아 주면 삐치기도 해. 아주 웃겨."

"그래?"

주희가 미담이를 내려다보며 웃었습니다.

"경민아, 이번 주말엔 뭐할 거니?"

"집에서 쉬면서 음악 듣고…… 그냥 그렇지 뭐."

경민이는 휴일이라고 해서 특별히 할 일이 계획돼 있지 않았습니다. 친구들은 등산을 간다, 영화를 보러 극장이나 야구장을 간다 하며 좋아했지만 앞을 못 보는 경민이에게는 그 모든 게 남의 일이나 다름없었습니다.

경민이의 취미는 집에서 음악을 듣는 것이었습니다. 음악을 틀어 놓고 머릿속으로 상상하는 것을 좋아했습

니다. 그러다 싫증이 나면 학교 공부를 했습니다. 그래도 또 싫증이 나면 미담이와 장난을 치곤 했습니다.

미담이도 장난을 좋아했습니다. 저를 귀여워한다 싶으면 두 발을 들고 달려들었습니다. 그러면 그 때부터 한바탕 미담이와의 씨름이 벌어지는 것입니다. 미담이는 덩치가 큰 만큼 힘도 세었습니다. 경민이가 미담이와 한참 있는 힘껏 장난을 치고 나면 어느새 배에서 꼬르륵 소리가 나곤 했지요.

"경민이 넌 혼자서 시간 보낼 일이 많으니 생각을 많이 하겠구나?"

주희가 웃으며 물었습니다.

"응. 난 생각하고 상상하는 게 좋아. 아니 행복해."

경민이는 보이지 않는 눈으로 먼 하늘을 바라보았습니다.

"그럼, 머릿속에다 많은 집도 짓겠네. 그치?"

"집?"

"응. 상상의 집 말이야."

경민이는 주희의 말에 빙그레 웃었습니다.

"많이 짓고말고. 하루에도 수백 채의 집을 짓는걸."

"수백 채? 와, 진짜 많다. 그런데 그 많은 집을 지어서 뭐해?"

"음……. 집이 없는 가난한 사람들에게 한 채씩 나눠 주지."

"돈은 물론 안 받겠지?"

"그럼. 완전 공짜야."

둘은 소리를 내어 웃었습니다.

어느 날 저녁나절입니다.

점자책을 더듬으며 공부를 하던 경민이는 갑자기 두통과 함께 심한 어지럼증을 느꼈습니다. 방바닥이 파도처럼 출렁거렸습니다.

'내가 왜 이러지?'

경민이는 저도 모르게 겁이 더럭 났습니다. 그러다가 이내 정신을 잃고 그만 쓰러지고 말았습니다.

시간이 얼마나 지났을까요?

경민이는 미담이가 낑낑대며 얼굴을 핥는 촉감에 정신이 들었습니다. 그와 함께 몸이 불덩이 같음을 느꼈습니다.

경민이는 가까스로 정신을 차리고 엄마한테 전화를 걸었습니다.

"엄마, 나 몸이 불덩이 같아……."

"알았다. 엄마가 얼른 갈게."

엄마는 급히 약국에서 지어 온 약을 경민이에게 먹였습니다. 그러자 경민이 몸의 열은 조금씩 내려갔습니다.

"미담아, 고마워. 네 덕분에 살았구나."

경민이는 미담이의 목을 끌어안고 볼을 비볐습니다.

미담이는 날이 갈수록 경민이의 건강 상태며 기분까지도 잘 알아차렸습니다. 경민이의 기분이 좋으면 미담이도 기분이 좋아서 꼬리를 흔들며 주위를 빙빙 돌았습니다.

또 미담이는 저랑 놀아 주는 것을 아주 좋아했습니다.

그리고 안마를 좋아해서 가끔 안마를 해 달라고 졸랐습니다. 만약 안마를 안 해 주면 바짝 다가와서는 등을 내밀고 낑낑대거나 앞발로 경민이를 툭툭 건드렸습니다. 꼭 장난꾸러기 같았습니다.

그런가 하면 경민이가 화가 나서 아무 말도 하지 않고 있으면 숨소리도 내지 않은 채 슬금슬금 경민이의 눈치를 살폈습니다.

"미담아, 나 이제 기분 다 풀렸어. 그러니까 이제 너도 기분 풀어."

경민이가 그렇게 말하면 미담이는 감췄던 꼬리를 흔들며 좋아했습니다. 경민이는 미담이 때문에라도 기분을 나쁘게 가질 수가 없었습니다.

그런 일을 겪으면서 경민이는 아주 중요한 사실을 깨달았습니다.

'난 미담이와 하나의 끈으로 연결돼 있구나!'

'끈.' 그랬습니다. 보이지 않는 그 끈은 비단 미담이와의 사이에만 있는 건 아니었습니다.

엄마와 아빠와는 이미 오래전에 연결돼 있었습니다.

또 남동생과도 연결돼 있었습니다.

그뿐만이 아니었습니다. 친척, 친구, 교수님들과도 어느새 연결돼 있었습니다.

아니, 자기와 처지가 같은 모든 장애인과도 연결돼 있다는 생각이 들었습니다. 심지어 거리에서 처음 만나는 사람들하고도 만나는 그 순간, 연결돼 있다는 생각이 들었습니다.

'아!'

경민이는 내 몸이 나 혼자만의 것이 아니라는 사실을 깨달았습니다.

거울이 될 테야

 해가 바뀌었습니다.

경민이는 열심히 공부를 한 덕분에 우수한 성적으로 1학년을 마칠 수가 있었습니다. 그러나 솔직히 말해 경민이의 대학 생활 1년은 어려움의 연속이었습니다.

매일 집에서 학교까지 갔다 돌아오는 일만 해도 그랬습니다. 비장애인에겐 별것 아닌 일이었지만 시각장애인인 경민이에겐 전쟁이나 다름없었습니다.

어느 날엔 인도에 주차한 자동차 때문에 당황했는가 하면, 어느 날엔 전동차와 승강장 사이에 발이 끼어 하마터면 큰 사고를 당할 뻔하기도 했습니다. 계단을 내려가다가 발을 헛디뎌 넘어질 뻔한 일은 여러 번이었고요.

그뿐만이 아닙니다. 거리를 걷다가 오토바이에 치일 뻔한 적도 있었습니다.

경민이는 학교 공부를 마치고 집에 무사히 도착하면 미담이에게 인사하는 것을 잊지 않았습니다.

"미담아, 오늘 수고 많이 했어. 정말 고마워."

그러면 미담이도 경민이의 말을 알아들은 듯 꼬리를 흔들며 좋아했습니다.

공부를 하는 데도 어려움이 많았습니다. 손으로 일일이 점자책을 더듬어 가며 공부를 하다 보니 비장애인보다 몇 배의 노력이 들었습니다. 여기에다 리포트를 작성하는 일, 봉사 활동에 참여하는 일 등등 경민이는 항상 모든 일에 긴장해야 했고, 집중해야만 했습니다. 사소한 일을 하는 데도 온 신경을 집중하다 보면 쉽게 피로감을 느꼈습니다. 그렇지만 그만한 일로 좌절한 적은 한 번도 없었습니다.

'세상에 쉬운 게 어딨어. 이럴수록 강해져야지!'

마음을 다져 먹기를 수없이 했습니다.

대학 생활 1년은 경민이가 살아온 해 가운데서 가장 긴 한 해였습니다. 그런 만큼 보람도 컸습니다.

"정말 우리 딸이 장하구나. 고마워."

1학년을 마치던 날, 엄마는 경민이의 볼을 어루만지면서 기뻐해 주었습니다. 엄마의 눈에 이슬이 맺혀 있었지만 경민이는 볼 수가 없었습니다.

"엄마, 모든 게 미담이 덕분이에요."

경민이는 그 공을 미담이에게 돌렸습니다.

"그래, 미담이가 고맙지. 미담아, 수고했다. 고마워!"

엄마는 허리를 굽혀 미담이에게 인사를 했습니다. 미담이가 알아들었다는 듯 꼬리를 흔들었습니다.

"여보, 당신도 한 말씀 하세요."

장승처럼 말없이 서 있는 아빠를 돌아다보며 엄마가 말했습니다.

아빠의 눈에도 눈물이 배어 있었습니다. 목이 메는지 침을 삼켰습니다.

"우리 경민이가 꼭 해낼 줄 알았어. 경민아, 고맙다!"

아빠가 울먹이는 목소리로 말했습니다.

"아빠, 고마워요. 엄마 아빠의 사랑이 절 여기까지 오게 했어요."

경민이의 음성도 떨렸습니다.

"우리야 뭘……."

엄마가 말끝을 흐렸습니다.

"그 누구보다 우리 경민이 노력이 컸지. 정말 장하다, 우리 딸!"

아빠가 경민이의 어깨를 끌어안았습니다.

그날 저녁, 아빠 엄마는 경민이를 위해 파티를 열어

주었습니다. 파티라고 해 봤자 치킨과 음료수, 약간의 과자가 전부였지만 경민이 가족에겐 그 어떤 파티보다도 뜻깊은 자리였습니다.

"누나 축하해!"

남동생도 눈물을 글썽이며 기뻐해 주었습니다.

2학년 때는 1학년 때보다는 덜 힘이 들었습니다. 경민이는 그게 바로 세월의 힘이라는 걸 깨달았습니다. 여기에다 학년이 올라갈수록 자신감도 생겼습니다.

잿빛 하늘이 나지막이 내려앉은 어느 날.

경민이는 자기가 다니던 서울 맹학교에 교생실습을 나갔습니다. 물론 미담이랑 함께였습니다.

"여러분, 반가워요."

경민이는 교실에 들어서자 미소 띤 얼굴로 인사를 했습니다.

"교생 선생님, 환영해요."

"선생님, 안내견이랑 같이 나왔다면서요?"

"선생님은 얼굴이 예쁘다면서요?"

아이들이 경민이를 에워싸면서 참새들처럼 재잘거렸습니다.

경민이는 자기를 반겨 주는 아이들이 고마웠습니다. 비록 서로 얼굴을 보진 못하지만 목소리만으로도 그 아이들이 얼마나 반가워하는지를 알 수 있었습니다.

"선생님, 안내견 좀 만지면 안 돼요?"

한 아이가 물었습니다. 앞을 못 보기 때문에 손으로라도 만져 보고 싶은 모양입니다.

"그래. 이리 와서 만져 보렴."

"와, 털이 참 포근하고 부드러워요."

경민이는 그 아이의 손을 꼭 쥐었습니다.
"이 안내견은 이름이 미담이야."
"미담이…… 이름도 예뻐요."
"나도 만져 보고 싶다."
"나도, 나도."
여기저기서 아이들이 몰려오자 경민이는 걱정이 되어 말했습니다.
"얘들아, 지금은 괜찮지만 보행할 때는 안전에 문제가 될 수 있어서 만지는 건 나만 해야 해. 너희들이 미담이를 귀여워하는 건 알지만, 꼭 기억해 줘."

"네."

미담이를 만져 보고 싶다던 아이들은 고개를 끄덕였습니다.

"선생님, 제가 빵을 가져왔는데, 이거 미담이한테 줘도 돼요?"

"안 돼. 안내견은 정해진 음식만을 먹도록 돼 있어. 그리고 반드시 주인이 주는 정해진 사료여야 하거든."

경민이는 미안한 마음으로 말했습니다.

"잘 알았어요."

빵을 주고 싶다던 아이는 이해를 해 주었습니다.

"교생 선생님은 꿈이 뭐예요?"

한 아이가 물었습니다.

"학교 선생님이 되는 거지."

"저흰 사회 복지사가 꿈인 줄 알았는데요."

"왜 그런 생각을 했어?"

"여기로 교생실습을 나오는 선생님들은 사회 복지사가 꿈인 선생님들이 많거든요."

그 아이의 말에 경민이는 빙그레 웃었습니다.

"그래. 사회 복지사는 훌륭한 직업이고말고. 우리 사회에 꼭 필요하지. 그렇지만 다들 사회 복지사만 되려고 하면 되겠어? 학교 선생님이 되는 사람도 있어야지."

경민이는 그러고 나서 어느 직업이고 다 소중하다는 것을 말해 주었습니다. 그리고 이왕이면 자기가 좋아하는 일을 택해서 열심히 하는 게 곧 행복한 삶이란 말도 해 주었습니다.

경민이는 아이들이 모두 밝고 명랑한 것에 감동을 받았습니다. 그리고 그들의 가슴속에 저마다의 꿈이 곱게 자라고 있는 것을 알고 기뻤습니다.

경민이는 점자에 서툰 맹학교 학생들에게 점자 활용법을 가르쳐 주었습니다. 또 학생들과 대화를 통해 서로의 마음을 나누었습니다. 그뿐 아니라 앞으로의 진로 문제를 상담해 주기도 했습니다.

학생들은 그런 경민이를 좋아했고 잘 따랐습니다.

"교생 선생님은 이담에 아주 좋은 선생님이 될 것 같아요."

한 아이가 말했습니다.

"좋은 선생님은 어떤 선생님인데?"

"친구 같은 선생님이요."

"그래, 꼭 친구 같은 선생님이 될게."

경민이는 때 묻지 않은 아이들과 지내는 게 무척 행복하기만 했습니다.

경민이는 교생실습을 하면서 그들의 순수한 마음과 아름다운 꿈이 자신을 더욱 새롭게 긴장시켜 주는 것을 느꼈습니다. 그와 함께 자기와 같은 장애를 가진 모든 아이들의 거울이 되고 싶었습니다.

'난 꼭 선생님이 되겠어!'

경민이는 선생님이 되겠다는 마음을 더욱 확고히 굳혔습니다.

어려운 학생들에게 용기를 심어 주는 것! 그게 바로 자신의 꿈임을 다시 한 번 확인한 셈입니다.

미국에 간 경민이

"경민아, 미국행 축하해!"

경민이가 미담이랑 학교에 도착하자 친구들이 기다렸다는 듯 일제히 축하의 박수를 쳐 주었습니다.

'그렇다면?' 경민이는 친구들의 축하에 온몸이 떨리는 환희를 느꼈습니다.

얼마 전 한 복지재단에서 실시하는 시각장애인 미국 문화체험 탐방에 참가 신청을 했었는데, 경민이가 최종 선발이 됐다는 통보가 학교로 온 모양이었습니다.

"정말이야?"

경민이는 믿어지지가 않아서 다시 물었습니다. 그도 그럴 것이, 선발 인원은 고작 두 명이었기 때문입니다.

"정말이라니까. 경민이는 좋겠다. 미국 구경을 다 하고. 그것도 공짜로 말이야."

"누가 아니라니. 이건 복권에 당첨된 거나 다름없어."

"얘는…… 그까짓 복권에 비하겠니? 이거야말로 일생일대의 행운이라고."

친구들이 부러워 못 견디겠다는 듯 너도나도 한마디씩 했습니다.

하지만 막상 미국에 간다고 생각하니 걱정이 되어 밤엔 잠이 오지 않았습니다.

일주일 후, 경민이는 불안한 마음과 설레는 마음을 안은 채 비행기에 올랐습니다. 그런데 비행기 안에서 또 한 번 마음 아픈 일을 겪어야 했습니다. 미담이를 못마땅하게 본 한 승객이 여승무원을 향해 항의한 것입니다.

"이봐요! 비행기 안에 개를 태우면 어떡해요? 화물칸에 태워야지!"

승객의 항의에 여승무원은 웃으며, "안내견은 기내에 태워도 됩니다. 사람과 같은 대우를 해 주도록 돼 있어요." 하며 자세히 설명을 해 주었습니다.

항의를 했던 승객은 그제야 하는 수 없다는 듯 입을 다물었지만, 기분이 풀리지 않은 듯 미담이를 못마땅한 눈초리로 쳐다보곤 했습니다.

경민이는 미국에 가서 새로운 공부와 체험을 하였습니다.

오전에는 심리학 강의를 들었습니다. 심리학은 인간의 정신생활의 특징을 연구하는 학문입니다.

오후에는 그 곳 미국 학생들과 교제하는 친교 시간을 가졌습니다.

평소 마음속에 품고 있던 생각에서부터 두 나라의 문화 차이에 대한 이야기까지 폭넓게 이야기를 나누었습니다.

"밥을 먹을 때 보통 너희 미국 사람들은 스푼을 밖으로 퍼내서 먹지만, 우리 한국 사람들은 수저를 안으로

떠서 먹어."

경민이의 밥 먹는 흉내에 미국 학생들은 신기한 듯 웃었습니다.

"다른 점은 또 있어. 한국 사람들은 손으로 숫자를 셀 때 손가락을 폈다가 하나씩 오므리는데, 미국 사람들은 손을 오므렸다가 하나씩 펴. 이게 또 달라."

경민이의 말에 미국 학생들은 배를 쥐고 웃었습니다.

그런가 하면 경민이와 미국 친구들은 삶의 가치관에 대한 진지한 토론을 벌이기도 하였습니다.

주말에는 프로그램 선생님의 차를 타고 나가 쇼핑을 하기도 했고, 놀이공원에 가서 놀이기구를 타고 놀았습니다.

경민이는 미국 친구들과의 교제를 통해 놀이도 공부만큼 중요하다는 것을 깨달았습니다.

경민이는 장애인 시설을 둘러보기도 하였습니다. 하나같이 좋은 시설에 경민이는 부럽기만 했습니다. 또 많은 이들이 도우미로 일하는 것을 보고 그들의 봉사 정신에 놀라기도 했습니다.

무엇보다도 장애를 가진 이들을 편하게 대하고 배려해 주는 것에 깊은 감명을 받았습니다.

하루는 길을 걷다가 발을 헛디뎌 넘어진 적이 있었습니다. 그 때 한 미국 청년이 급히 다가오더니 먼저 도와주어도 되는지를 물은 후, 경민이의 팔을 잡아 부축해 주는 것이었습니다.

"Are you OK?" (괜찮습니까?)

경민이는 웃으며 고맙다는 인사를 했습니다.

도움을 줄 때도 먼저 상대방에게 양해를 구하는 것을 보면서 경민이는 장애인에 대한 배려가 생활화되어 있는 나라라는 걸 몸소 느꼈습니다.

경민이는 5주간의 미국 문화체험을 마친 뒤 한국으로 돌아왔습니다.

"경민아, 미국 문화체험이 어땠는지 좀 이야기해 봐."
경민이를 보자 친구들이 몰려와 물었습니다.
"음…… 난 두 가지를 느꼈어."
"그게 뭔데? 어서 말해 봐."
"첫 번째는 내가 장애인이라서 특별히 관심을 가지고 살핀 건데, 미국 사람들은 장애인에 대한 관심이 매우 높아. 그런 만큼 장애인에 대한 편견도 거의 없어. 장애인을 위한 시설도 곳곳에 많고, 운영도 잘되고 있어서 장애인이 살아가기에 편한 것 같아. 게다가 장애인들의 사회 진출도 아주 폭넓다는 것을 느꼈어. 누구든 실력만 있으면 자기가 원하는 곳에서 일할 수가 있거든. 이런 것은 정말 부럽더라고."

경민이는 미리 머릿속에 정리해 두었던 말을 친구들에게 했습니다.

"두 번째는 뭐야?"

"미국 사람들의 봉사 정신이야. 미국에서는 어릴 적부터 남을 위해 봉사하는 걸 가르친대. 미국이란 나라가 발전하는 데는 이런 봉사 정신이 밑바탕에 깔려 있는 것 같아."

"와, 경민이 너 미국에 가서 많은 걸 보고 느꼈구나."

친구들이 다들 놀랐다는 표정을 지었습니다.

"그래, 아주 좋은 공부를 했어."

경민이는 미국에 머무는 5주 동안 많은 희망을 갖게 되어 기뻤습니다. 자신이 만약 꿈을 이룬다면 자기와 같은 장애를 가진 모든 사람들에게 힘과 용기를 줄 수 있고, 미국처럼 우리나라도 조금씩 장애인에 대한 편견이 줄어드는 데 도움이 되리라는 기대에 부풀었습니다. 또한 인간은 무한한 잠재력을 가진 존재라는 걸 새삼 느꼈습니다.

미담이와 함께 졸업장을 받다

경민이는 7학기 만에 대학교를 졸업하는 행운아가 되었습니다. 그것은 경민이가 얼마나 열심히 공부했는지를 보여 주는 좋은 증거였습니다.

뿐만 아니라 더 큰 기쁨이 경민이를 기다리고 있었습니다. 바로 교육학과 수석 졸업이었습니다. 평점 4.3점 만점에 4.19점을 받은 것입니다.

"경민아, 축하해!"

같은 과 친구들이 먼저 축하해 주었습니다.

"나를 도와준 너희들 덕분이야."

경민이는 함께 공부를 했던 친구들에게 일일이 고맙다는 인사를 했습니다.

"그렇게 열심히 하더니……. 축하해!"

교수님들도 자기들 일처럼 기뻐했습니다.

집에서는 더 야단들이었습니다.

"우리 경민이 축하한다!"

엄마와 아빠는 춤이라도 출 듯이 기뻐했습니다.

그럴 만도 했습니다. 시각장애를 가진 몸으로 비장애인 친구들을 제치고 수석을 차지했으니 말이에요.

"엄마 아빠, 이 모두가 미담이 덕분이에요."

경민이는 공을 미담이에게 돌렸습니다. 4년 동안 자신의 눈이 되어 준 미담이가 더없이 고마웠습니다.

"친구들도 저를 위해 많이 도와줘서 정말 고마워요."

경민이는 친구들에게도 그 공을 돌렸습니다.

그랬습니다. 학교 도우미 친구들은 시각장애인인 경민이를 위해 교재를 음성 파일로 만들어 주었습니다. 자기들 공부하는 데도 다들 바쁠 텐데 기꺼이 그 일을 자청했고 즐거운 마음으로 해 주었던 것입니다.

"물론이고말고. 그래서 이 세상은 나 혼자 사는 것이 아니라고 하잖니. 서로서로 도와 가며 더불어 사는 거지. 그게 바로 사람들의 가장 행복한 삶이기도 하고. 경민이 네가 선생님이 되려는 것도 그런 뜻 아니겠니?"

아빠가 말했습니다.

"맞아요, 아빠. 저는요, 학생들의 가슴속에 희망과 꿈을 심어 주고 싶어요."

경민이는 선생님이 된다고 생각하면 언제나 가슴이 설렜습니다.

"그래, 네 꿈이 이루어지기를 엄마는 무조건 빌란다."

엄마가 경민이의 볼을 쓰다듬으며 말했습니다.

경민이가 대학교를 졸업하는 날, 경민이는 다른 날보다도 일찍 일어났습니다. 간밤에 잠을 설쳤는데도 정신은 맑고 상쾌하기만 했습니다.

'아! 상쾌해.'

베란다로 나온 경민이는 두 팔을 크게 벌리고 아침 공기를 실컷 들이마셨습니다.

졸업! 마침내 해낸 것입니다.

경민이의 얼굴엔 벅찬 감동의 빛이 어른거렸습니다. 경민이 곁에 나란히 선 미담이도 오늘은 더욱 듬직해 보였습니다.

"미담아, 우린 해냈어!"

경민이는 미담이를 끌어안았습니다. 미담이가 꼬리를 흔들었습니다.

방으로 들어온 경민이는 며칠 전 엄마랑 백화점에 가서

산 새 정장을 입었습니다.

"와, 우리 경민이가 오늘은 더욱 예쁘네!"

엄마가 새 정장을 입은 경민이를 위아래로 훑어 보며 기뻐서 어쩔 줄 몰랐습니다.

"엄마, 정말이에요?"

"그래. 여보, 내 말 맞죠?"

엄마가 아빠를 돌아다보며 말했습니다.

"야, 우리 딸 최고다!"

아빠도 기뻐했습니다.

"미담아, 학교 가자."

경민이는 미담이를 앞세우고 집을 나섰습니다. 몇 발짝 걷던 경민이는 뒤를 돌아다보며 "엄마, 천천히 오세요. 너무 일찍 오시지 말고요." 하고 당부하는 것을 잊지 않았습니다.

오늘 졸업식엔 가게를 하루 쉬고 엄마 아빠가 참석한다고 했습니다.

"알았다. 우리 걱정은 말고 너나 조심해서 가거라."

엄마가 고개를 끄덕였습니다.

경민이는 미담이와 같이 천천히 걸어 학교에 도착했습니다.

졸업식을 앞둔 학교는 여느 날과는 완전히 다른 분위기였습니다. 만나는 교수님이며 친구들의 표정도 더할 수 없이 밝았습니다.

새 정장을 차려입은 경민이와 미담이를 본 친구들은 환호성을 질렀습니다.

"경민아, 너무너무 예쁘다!"

"와, 미담이도 오늘따라 더 멋진데……."

경민이는 마치 주인공이 된 기분이었습니다. 그렇게 생각해서인지 손에서 느껴지는 미담이도 더 듬직해 보였습니다.

졸업식이 거행되었습니다. 총장님의 인사말에 이어 졸업장 수여가 있었습니다.

드디어 경민이가 미담이와 함께 단상에 올랐습니다.

문과대학 대표로 졸업장을 받기 위해서였습니다.

경민이는 청색 학위복을 입고 학사모를 썼습니다.

4년 내내 경민이의 눈이 되어 준 미담이도 오늘은 파란색 학위복을 입고 학사모를 썼습니다. 의류학과 학생들이 미담이를 위해 특별히 만들어 준 선물이었습니다.

졸업생과 후배들, 축하객들이 숨을 죽이고 경민이와 미담이를 지켜보았습니다. 사람들은 학사모와 학위복을 입은 미담이의 모습에 다들 미소를 지었습니다.

경민이는 앞이 보이지 않았지만 졸업식장에 모인 사람들의 시선이 자기에게 쏠려 있음을 느꼈습니다. 경민이는 설레는 가슴을 가까스로 진정시키며 단상 중앙을 향해 한 걸음, 한 걸음 떼어 놓았습니다.

이윽고 단상 중앙까지 걸어나간 경민이가 지정된 위치에 섰습니다.

미담이도 경민이 곁에 나란히 섰습니다. 학위복에 학사모를 쓴 미담이의 모습이 오늘따라 더욱 귀엽고 의젓했습니다.

경민이는 먼저 총장님으로부터 따뜻한 포옹을 받았습니다.

그런 뒤, 마침내 졸업장을 받았습니다.

우레 같은 박수가 쏟아졌습니다. 박수 소리는 좀처럼 그칠 줄 몰랐습니다. 그것은 꿈을 지닌 한 사람의 외롭고도 빛나는 열정을 축하해 주는 박수였습니다.

경민이는 축하객들의 박수 소리에 저도 모르게 가슴이 먹먹해졌습니다. 목이 메어 참느라 애를 먹었습니다.

졸업식을 마친 경민이는 이번에는 엄마 아빠한테서 뜨거운 축하를 받았습니다.

"경민아, 졸업 축하한다."

"엄마 아빠, 고마워요."

경민이는 엄마 아빠의 품에 차례로 안겼습니다.

"경민아, 축하해."

이모도 축하해 주었습니다.

또 친척 언니, 맹학교 학생들, 교회 친구들도 경민이의 졸업을 진심으로 축하해 주었습니다.

군대에 간 남동생이 참석하지 못한 게 조금은 서운했습니다.

영어 선생님, 김경민!

　　　　　　　대학을 졸업한 경민이는 밤낮을 가리지 않고 교사 임용 시험 준비에 몰두했습니다. 비장애인도 어렵다는 서울시 중학교 교사가 되기로 결심한 것입니다.

그 결심은 이미 고등학교 때부터 품은 꿈이었습니다.

시험 준비는 쉽지 않았습니다. 하지만 그럴수록 경민이의 마음은 더욱 불타올랐습니다.

"경민아, 너무 무리하는 거 아니니? 이삼 년 준비한다 치고 천천히 하렴. 그러다가 병이라도 날까 걱정이다."

보다 못한 엄마가 걱정스러운 듯 말했습니다.

"알았어요, 엄마."

경민이는 걱정해 주는 엄마가 고마웠습니다.

"내 아는 엄마가 그러더라. 최소 2년이나 3년은 준비를 해야 교사 임용 시험에 합격할 수가 있다고. 그러니 너무 서둘지 말고 느긋하게 준비해."

"알았어요, 엄마. 저도 이번엔 경험 삼아 한번 치르려고 해요."

경민이는 그렇게 말했지만 마음속으로는 '어디 한번 해보자!' 하는 강한 마음이 있었습니다. 경민이는 떨리는 마음으로 교사 임용 시험을 치렀습니다. 잘 치른 것 같기도 했고 그렇지 않은 것도 같았습니다. 하지만 마음은 가벼웠습니다.

그러나 발표 날이 가까워질수록 경민이의 마음은 불안하고 초조해졌습니다. 발표 전날엔 아무것도 손에 잡히지 않았습니다.

경민이는 거의 뜬 눈으로 밤을 새웠습니다. 엄마한테 내색을 하지 않으려고 불을 끈 채 애써 잠을 청했으나 헛일이었습니다.

날이 밝았습니다.

경민이는 두근거리는 가슴을 억누르며 컴퓨터 앞에 앉았습니다. 그리고 마음을 진정시킨 뒤 떨리는 손으로 컴퓨터를 켰습니다.

그 순간, 컴퓨터에 띄어 놓은 메신저 창에서 '합격!'이라는 소리가 울려 퍼졌습니다.

사촌 언니가 중등교사 임용 시험 장애인 전형 합격자 명단을 보고 메신저로 소식을 알려 준 것이었습니다.

'합격? 정말?'

경민이는 떨리는 손으로 자판을 두드렸습니다.

'그렇다니까. 경민아, 축하해!^^'

메신저 창이 또 한 번 크게 울렸습니다.
'아!'
경민이는 저도 모르게 두 손을 가슴에 모았습니다.

 눈물이 볼을 타고 쉴 새 없이 흘러내렸습니다.
 온 세상이 환한 빛으로 가득 차는 것을 느꼈습니다.
 드디어 그토록 원하던 교사 시험에 합격한 것입니다.
남들은 2년 내지는 3년을 준비해도 합격하기 어렵다는 교사 시험에서 보란 듯이 합격을 한 것입니다. 그것도 첫 번째에 치른 시험에서.
 경민이는 4년을 함께해 온 미담이를 끌어안고 울먹이는 목소리로 말했습니다.

"미담아, 이제 내가 선생님이 된대. 미담이 너도 같이 가자!"

경민이는 자신의 눈이 되어 준 미담이에게 감사하고 또 감사했습니다.

경민이의 교사 시험 합격 소식은 삽시간에 주위 사람들에게 퍼져 나갔습니다.

여기저기서 축하 인사가 쏟아져 들어왔습니다. 경민이는 하루 종일 전화를 받느라 정신이 없었습니다.

"모든 게 미담이 덕분이에요."

그 때마다 경민이는 미담이에게 공을 돌렸습니다. 그리고 그건 진심이었습니다.

한 달 뒤, 경민이는 서울교육지원청으로부터 발령을 받았습니다.

인왕중학교. 영어 교사.

인왕중학교는 경민이네 집에서 40분 거리에 있는 학교였습니다.

경민이가 이제 선생님이 된 것입니다.

김경민 선생님은 미담이의 안내를 받으며 인왕중학교에 첫 출근을 하였습니다.

김경민 선생님은 먼저 교장 선생님부터 찾아갔습니다. 교장 선생님은 반갑게 맞아 주었습니다.

"김경민 선생님, 우리 학교에 오신 것을 진심으로 환영합니다."

"고맙습니다, 교장 선생님. 장애인 교사가 온다고 걱정이 많으셨지요?"

"처음엔 좀 그랬지요. 하지만 지금은 아닙니다. 김경민 선생님의 능력을 저희는 믿고 있습니다. 아주 잘 오셨습니다."

교장 선생님은 김경민 선생님의 손을 꼭 잡았습니다.

"저를 그렇게 믿어 주시니 정말 고맙습니다. 열심히 가르치겠습니다. 그래서 학생들에게 희망과 용기를 주겠습니다."

"그럼요. 김 선생님 그 자체만으로도 이미 학생들에겐 하나의 교육인걸요. 우리 학교로서는 행운을 잡은 셈이지요."

"고맙습니다, 교장 선생님."

김경민 선생님은 교장실을 나왔습니다.

김경민 선생님은 미담이를 앞세우고 첫 수업을 하기 위해 1학년 교실에 들어섰습니다.

학생들이 숨을 죽인 채 김경민 선생님을 맞았습니다. 개중에는 미담이가 귀여워서 눈웃음을 보내는 학생도 있었습니다.

김경민 선생님은 교단 위로 조심스레 올라섰습니다. 그러고는 분필을 집어 이름을 정성스레 한 자씩 칠판에 적었습니다. 그런 뒤 학생들을 향해 입을 떼었습니다.

"오늘부터 여러분과 영어를 함께 공부할 김경민이에요. 우리 즐거운 마음으로 열심히 공부해요. 혹시 여러분 가운데는 영어는 아무리 해도 잘 안 돼, 하는 학생이 있을지 모르겠네요. 하지만 그건 잘못된 생각이에요. 눈이 안 보이는 선생님도 했잖아요. 여러분들도 마음만 먹으면 다 할 수 있어요."

김경민 선생님은 자신에게 쏠린 학생들의 시선을 느꼈습니다.

"제가 좋아하는 식물 가운데 '율마'라는 허브가 있어요. 이 율마는 사랑하는 마음을 가지고 쓰다듬어 주면 향기가 나는 식물이에요. 여러분은 나의 율마예요. 저는 볼 수는 없지만 여러분을 쓰다듬어 주고 보듬어 주고 싶어요. 그리고 볼 수 없어도 할 수 있는 게 많다는 것을 여러분에게 보여 주고 싶어요."

학생들은 초롱초롱한 눈망울로 일제히 김경민 선생님을 바라보았습니다.

시각장애인 선생님을 처음 만나 낯설었지만 김경민 선생님의 말씀은 그 어떤 선생님의 말씀보다 크고 강한 울림으로 학생들의 가슴에 남았습니다.

동화 속
경민이와 미담이가
궁금하셨지요?
짜~잔!
이제 진짜 실제 모습을
공개합니다~!

경민이랑 미담이랑 photo zone

여기가 미담이가 교육을 받은 안내견학교랍니다.

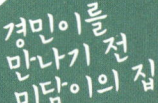

경민이를 만나기 전 미담이의 집

훈련사 선생님들이 바쁘게 움직이네요. 여긴 안내견들이 생활하는 안내견학교 내부예요.

우리에게 용기를 준 주인공들 경민이와 미담이! 실물이 훨씬 멋있지요~? *^^*

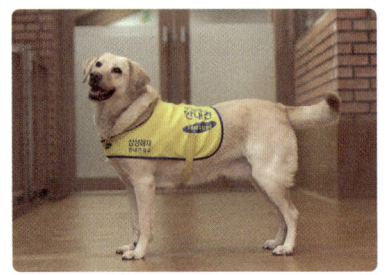

늠름하고 용감한 미담이! 제가 이래 봬도 안내견학교를 당당히 졸업한 몸이랍니다~. 멍멍!

작은 강아지였을 때부터
체계적으로 훈련을 받으면, 미담이처럼
늠름한 안내견이 될 수 있어요.

상쾌한 아침! 훈련사 선생님과
산책을 하고 있어요.

훈련사 선생님과 길을 안내하는
훈련을 하고 있어요.

사람들이 많은 혼잡한 지하철역도
침착하게 길을 안내하도록
훈련 중이에요~.

이제 미담이와
함께 집으로~

에스컬레이터도 침착하게 타서
시각장애인을 안전하게 안내해요.

안내견학교에서
합숙 훈련을 무사히 마치고
다른 친구들과 함께 찰칵~!

미담이: (애처로운 눈빛으로)
　　　뽀뽀해 주세요~♡
경민이: 미담이가 또 장난기가
　　　　발동했네요~.^^

여기는 경민이가 수업을 받았던
숙명여대 강의실이에요.
경민이는 열심히 공부하고,
미담이는 휴식 중이에요.

미담이와
함께하는
대학 생활

경민이랑 미담이가 7학기 내내
다녔던 숙명여대 교정.

오늘은 경민이가 대학교를
수석으로 졸업하는 날이에요~♪

아빠, 엄마, 경민이, 미담이.
즐겁고 행복한 졸업식이에요.
가족끼리 함께 찰칵~♪

졸업의 기쁨을
미담이와 함께!

경민아, 미담아! 모두 고생 많았어.
정말 진심으로 축하해~.^^

선생님이 되어 학교에 가는 길. 첫 출근 전에 보행 연습을 하고 있어요. 미담이도 경민이도 모두 열심히 길을 익히고 있어요.

눈빛이 예사롭지 않은데, 둘이 무슨 비밀 사인이라도 주고받는 거니?

드디어 첫 수업 날! 김경민 선생님이 이름을 칠판에 적고 있어요~!

꿈을 이룬 후, 처음 만난 학생들. 반가운 마음에 김경민 선생님은 먼저 악수를 건네고 있어요~.^^

김경민 선생님은 오늘도 열심히 미담이와 학교에 갑니다.

경민이와 미담이의 새로운 생활이 시작되었어요!

토론 교실

생각을 키우는 소중한 가치 학교 **4**교시

◉ 가치 학교 반 친구들이 왁자지껄 토론을 하고 있어요. 『경민이의 아주 특별한 친구』 동화 속에 등장한 한 음식점에 대해 자신의 생각을 나누고 있는데, 친구들이 어떤 생각을 가지고 있는지 한번 들어 볼까요?

음식점에는 보통 애완동물을 데리고 들어갈 수 없어. 개를 데리고 음식점에 들어가는 건 다른 사람들에게 피해를 주는 행동이라고 생각해.

그건 그래. 하지만 애완견과 안내견은 확실히 다른 거거든. 안내견은 시각장애인을 위해 따로 훈련을 받은 특별한 개라고……. 말썽을 부릴 일도 없을 텐데 못 들어가게 하는 건 주인이 잘못된 거야.

무작정 안내견을 못 들어가게 하는 건 잘못된 거지만, 분명 손님들이 이해해 줘야 하지 않겠어? 개가 음식점에 있다고 기분 나빠하는 손님이 있을지도 모르니까.

그러네. 그럼 주인보다는 음식점에 있는 손님들의 태도가 중요한 거야?

그래도 손님을 맞는 음식점 주인들이 먼저 안내견을 잘 알아보고 들여 보내 줘야 마땅해.

주인과 손님 모두가 시각장애인을 바라보는 인식이 중요한 것 같아.

그래, 맞아! 우리부터 시각장애인과 안내견을 바라보는 인식을 바꿔야 해~.

친구들의 의견을 들어 보았지요? 여러분의 생각은 어떤가요?
생각을 자신 있게 표현하고, 함께 토론에 참여해 보세요!

함께 토론할 주제

다 같이 생각해 보자!

1. 시각장애인과 안내견이 수영장에 갔습니다. 수영장 입구에서 들여 보내면 안 된다는 사람이 있고, 들여 보내야 한다는 사람도 있어요. 어떻게 해야 할까요?

2. 눈을 가리고 시각장애인처럼 보이지 않는 상태로 한 시간을 지내 봅시다. 우리 주변의 어떤 것들이 불편한가요? 시각장애인의 눈으로 봤을 때, 우리 사회의 어떤 것들이 바뀌어야 할까요?

3. 시각장애인 친구가 우리 반에 전학을 왔습니다. 우리가 불편한 친구를 위해 무엇을 도와줄 수 있을까요? 장애를 가진 친구들을 어떻게 대해야 할까요?

[삼성화재안내견학교 이야기]

김경민 선생님의 아주 특별한 친구 미담이는 우리 친구들이 길을 가다 실제로 만날 수 있는 안내견이에요. 안내견 미담이는 삼성화재안내견학교를 당당히 졸업한 개입니다. **삼성화재안내견학교는 보건복지부 인증을 받은 안내견 양성기관**으로, 세계안내견협회(IGDF, International Guide Dog Federation)의 정회원 학교입니다. 1994년 첫 안내견을 시각장애인의 친구로 보낸 후, 약 10마리 정도의 **안내견을 매년 시각장애인들에게 무료로 분양**하고 있어요. 그래서 우수한 안내견을 길러 내기 위해 세계 여러 나라의 안내견 기관과 협력하여 선진 훈련기법으로 체계적으로 관리합니다.

삼성화재안내견학교는 기업이 직접 운영하는 세계 유일의 안내견학교로, 전 세계적으로 **기업 사회공헌 활동의 모범**이 되고 있어요. 안내견의 탄생부터 가정에서 1년간 맡아 사회화 과정을 기르는 '퍼피워킹(Puppy Walking)', 안내견의 임무를 마친 은퇴견을 자원봉사자 가정에서 지내도록 하는 '은퇴견 홈케어' 등의 프로그램들을 운영하여 **더 많은 자원봉사자의**

소중한 가치 학교 ❹교시
삼성화재안내견학교

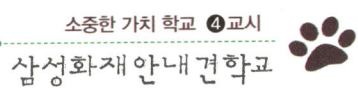

참여 확대를 위해 힘쓰고 있습니다. 이런 프로그램들의 밑바탕에는 **생명을 존중하고 동물을 사랑하는 마음**이 깔려 있답니다.

또한 삼성화재안내견학교는 **장애인에 대한 인식 및 제도를 개선하기 위해서도 노력**하고 있습니다. 2000년 1월부터 시행되고 있는 법안 '장애인 보조견의 편의시설 접근법' 같은 것이 그 좋은 예일 거예요. 여기서 접근법이란 편의시설을 쉽게 이용할 수 있게 하는 법을 말한답니다.

시각장애인을 위해 우수한 안내견을 기르고 무료로 분양하는 삼성화재안내견학교는 앞으로도 시각장애인의 재활을 도와주고, 안내견에 대한 우리나라 사람들의 인식이 나아지도록 노력할 것입니다.

아마도 이런 기관들이 있어 우리 사회의 어두운 곳이 따뜻하게 변해 가고, 좀 더 아름다운 세상이 되는 게 아닐까요?

▶ 삼성화재안내견학교 031) 320-8922
  http://mydog.samsung.com
▶ 트위터로 만나 보기 @mydognsamsung

안녕?

안내견을 위한 **에티켓**

❶ 보행 중에는 안내견을 부르거나 쓰다듬지 마세요

– 안내견은 유난히 사람을 잘 따르기 때문에 부르거나 쓰다듬으면 안내견의 집중력을 떨어뜨려 같이 있는 시각장애인이 위험에 빠질 수 있습니다. 안전한 보행을 위해서 길에서 안내견을 만나면 조용히 눈으로만 예뻐해 주세요.

❷ 안내견에게 먹을 것을 주지 마세요

– 보행 중에 안내견이 먹을 것을 탐하면 시각장애인을 제대로 안내하지 못합니다. 그러므로 안내견은 주인이 주는 사료만을 먹고 있어요. 귀엽다고 안내견에게 과자와 같은 음식을 주는 건 안내견이나 시각장애인 모두에게 해가 될 수 있으니 주의해 주세요.

❸ 주인의 허락 없이 안내견의 사진을 찍지 마세요

– 시각장애인은 다른 사람들이 사진을 찍는지 파악하기가 곤란하므로 어떤 상태로 자신과 안내견이 찍히는지 알 수 없습니다. 그러므로 안내견이 신기하고 예쁘다고 해서 주인의 허락 없이 사진을 찍는 것은 시각장애인에게 큰 실례가 될 수 있다는 것을 기억해 주세요.

TIP **버스정류장에서 안내견을 동반한 시각장애인을 만나면 어떻게 해야 할까요?**

– 버스를 기다리고 있거나 횡단보도에서 기다리고 있는 시각장애인을 봤을 때 그 사람이 원할 경우 정류장에 정차하는 버스 번호나 신호등이 바뀌는 것을 알려 주는 것이 좋습니다. 시각장애인과 안내견은 버스 번호나 신호등이 바뀌는 것을 주변 사람의 도움이나 주변 상황을 판단해서 알 수 있기 때문이죠.